Auf dem Markt

Erzählt von Ursel Scheffler
Gemalt von Irmgard Eberhard

Otto Maier Verlag Ravensburg

Brot und Backwaren
1.60
1.45
1.10

Es ist früh am Morgen. In den Straßen ist es noch still und dunkel. Erst hinter einigen Fenstern brennt Licht.
Da fahren auf einmal Autos mit Anhängern durch die Stadt. Aus allen Richtungen kommen sie. Auf dem Marktplatz treffen sie zusammen. Jeder Wagen hält an einer bestimmten Stelle. Jetzt steigen Leute aus.
Es wird schon ein wenig heller.
So kann man erkennen, was sie tun:
Sie öffnen an den Anhängern Türen, Fenster oder Klappen,
sie holen Bretter und Holzgestelle heraus,
sie bauen lange Tische auf,
sie schleppen Kisten, Körbe und Säcke,
sie spannen große Schirme auf,
sie stellen Blumensträuße in große Eimer,
sie schütten Kartoffel- und Tomatenberge auf,
sie bauen Türme aus Kohl und Früchten,
sie bespritzen Salat und Gemüse mit frischem Wasser.
Kaum eine halbe Stunde ist vergangen, da ist auf dem Platz um den Brunnen der MARKT aufgebaut.

Schon kommen die ersten Leute mit Körben und Taschen. Jeder sucht etwas anderes: Obst oder Gemüse, frische Eier, Fisch oder ein Suppenhuhn, Kartoffeln, Kräuter, Brot, Käse oder einen Blumenstrauß.
Bald drängen sich die Menschen zwischen den Marktständen. Sie gehen zu den Marktleuten, die sie schon kennen.
Sie vergleichen, wo sie am besten und am billigsten einkaufen können. Vielleicht dort am Brunnen, wo so viele Leute stehen?
Aber nein! Da unterhält nur der Billige Jakob die Leute mit seinen Späßen:
„Die besten Hosenträger der Welt!
Bärenstark und so elastisch, daß Sie damit einen Elefanten auf den Mond schießen können!"
ruft er. Die Leute lachen und gehen weiter.
Es macht Spaß über den Markt zu gehen, auch wenn man nichts einkauft.
Was gibt es hier alles zu sehen!
Wo kommen wohl die Waren her?
Kommt mit, wir wollen uns alles ansehen!

Heidebrot
1000g 3.–
Hefezopf 2.65
Herta Me
Bäckere
Gehrde

Landbrot
1500g 3.10
1500g
Leinsamenbrot
1000g 3.25
3.10
Berliner
heute
frisch

Am BROTSTAND duftet es herrlich nach frischem Brot. Es ist noch ganz warm. Der Bäcker hat es in der Nacht gebacken. Um drei Uhr ist er aufgestanden, und seit vier Uhr steht er in der Backstube. Hier seht ihr ihn bei der Arbeit: In einer großen Rührmaschine wird der Teig zubereitet. Der Bäcker formt Brot, Brötchen, Hörnchen oder Brezeln daraus.
Mit einer langen Schaufel werden die vollen Bleche in den heißen Ofen geschoben.
Knusprig und frisch kommt am Morgen alles zum Markt. Dort verkauft es die Bäckersfrau. Und der Bäcker? Der liegt im Bett und ruht sich aus.
Das meiste Brot kommt heute von großen Brotfabriken. Dort sind die Rührmaschinen und Backöfen viel größer als auf unserem Bild.

Vieles, was unser Bäcker mit der Hand macht, wird dort von Maschinen erledigt. Aber ganz gleich, ob das Brot vom Bäcker kommt oder aus der Fabrik: es wird immer aus *Mehl* gebacken. So wie alles, was es am Brotstand zu kaufen gibt. Das Mehl kommt aus der Mühle. Dort wurde es aus Korn zu Mehl gemahlen. Am häufigsten verwendet der Bäcker das Mehl vom Weizen. Weizenmehl ist hell. Er bäckt Weißbrot, Kuchen und Brötchen daraus. Roggenmehl ist dunkel. Der Bäcker macht davon die dunkleren und kräftigen Brotsorten.

Zum Brotbacken braucht der Bäcker außerdem Wasser, Salz und Sauerteig. Zum Kuchenbacken braucht er Milch, Eier, Hefe, Butter und verschiedene Gewürze.

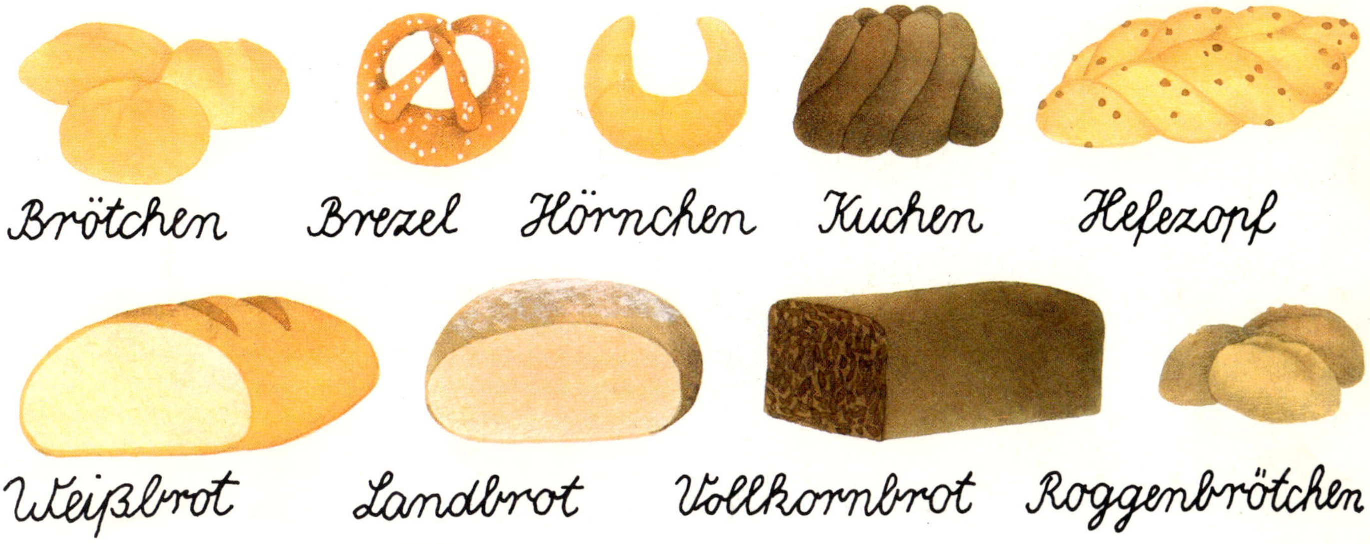

Butter
ungesalzen
250gr. 2.20
gesalzen
250gr. 2.25
1/2 Liter
Vollmilch -79
Wir führen
internationale
Käse-
spezialitäten
von bester
Qualität!
Ihr Käsehändler

Emmentaler 100gr. 1.60
Edamer 125gr. 1.60
Gouda 100gr. 1.40
Pyrenäenkäse " 1.75
Brie 1.90
Ganz frisch! Stück -.75
SONDER-ANGEBOT 250gr. 1.48
Trink Dich fit: Milch
Schafskäse 100gr 1.92
Milch
Käse
Butt
Apfel
Brot
Rotkohl

Emmentaler Edamer Tilsiter Pyrenäenkäse

Camembert Brie Ziegenkäse Schafskäse Roquefort

Steht Käse auf dem Einkaufszettel? Da fällt am KÄSESTAND die Auswahl schwer.
Hinter der großen Glasscheibe liegen viele Käsesorten.
Nur der Käsehändler kennt von allen die richtigen Namen. Meist verrät der Name des Käses den Ort oder die Gegend, aus der er ursprünglich stammt:
der Emmentaler kommt aus dem Emmental in der Schweiz,
der Limburger aus der Gegend der Stadt Limburg,
der Harzer aus dem Harz,
und der Pyrenäenkäse kommt von weither, aus den Bergen in Südfrankreich.
Die Käse unterscheiden sich in Form, Farbe, Geruch und Geschmack.
Es gibt Käse, die sind so klein wie eine Fahrradklingel und andere,
die sind so groß wie ein Autoreifen.
Die großen Käse schneidet der Käsehändler in Stücke oder Scheiben.
Er wiegt sie genau ab, ehe er sie verkauft.
Alles, was es am Käsestand zu kaufen gibt, wird aus *Milch* hergestellt.
Meist kommt die Milch von der Kuh. Aber es gibt auch Schafskäse
und Ziegenkäse. Der wird aus der Milch von Schafen oder Ziegen gemacht.

Milch *Buttermilch* *Sahne* *Joghurt* *Quark* *Dickmilch* *Butter*

Ein Tankwagen ist vorgefahren. Er bringt nicht etwa Benzin, sondern Milch! Die hat er von den Bauernhöfen und Milchsammelstellen der Umgebung abgeholt und liefert sie jetzt bei der Molkerei ab.
Die Molkerei ist die Fabrik, in der die Milch verarbeitet wird: hier wird sie untersucht, gereinigt, entrahmt, kurz erhitzt und damit haltbar gemacht. Dann wird sie von großen Maschinen in Flaschen, Becher oder Tüten abgefüllt.
Noch viele andere Sachen werden in der Molkerei aus Milch hergestellt: Quark, Joghurt, Buttermilch, Dickmilch, Sahne, Butter und Käse.
Die Käseherstellung ist sehr mühsam. Für einen Laib Emmentaler, der so groß ist wie ein Wagenrad, braucht man tausend Liter Vollmilch. Wenn der Käse fertig zubereitet ist, muß er noch lange kühl lagern und reifen.
Erst nach zehn Monaten kann unser Käsehändler diesen Emmentaler auf dem Markt verkaufen.

Salat -.40
Schnittlauch
½ kg. -.80
½ kg -.50
½ kg. 1.60
Wirsingkohl
Kopf 1.-
natur

½ kg -.90
½ kg -.80
1 kg 1.50
½ kg 1.70
1 kg 3.20
½ kg -.70
1 kg 1.20
Kiwi
Stück
Beste Sorte

„So eine Birne esse ich gleich“, denkt der Junge am OBSTSTAND und schaut zu, wie die Obstfrau ein Kilo abwiegt.
„Woher hat sie nur diese vielen frischen Früchte?“
Genauso wie ihr Nachbar, der Gemüsehändler ist sie am frühen Morgen, ehe sie zum Wochenmarkt kam, in die Großmarkthalle gefahren und hat dort eingekauft.
Jetzt, im Spätsommer, gibt es besonders viel Gemüse.
Manche Gemüsehändler hier auf dem Markt haben eine eigene Gärtnerei oder eigene Felder und verkaufen nur, was sie auch selbst angebaut haben.
Am Tag davor erst haben sie das Gemüse geerntet, sortiert, gesäubert und in Kisten gefüllt.
Allem Gemüse ist eines gemeinsam: es ist in der *Erde* gewachsen.
Von manchem Gemüse ißt man nur den Teil, der unter der Erde wächst: also die Knollen und Wurzeln wie bei Kartoffeln, Möhren oder Sellerie.
Bei Spinat, Salat und Kohl nutzt man die Blätter.
Und von anderen Gemüsen schmecken nur die Früchte wie bei Tomaten, Paprika oder Auberginen.

Auch beim Obst essen wir nur die Früchte. Sie wachsen meistens auf Bäumen und Sträuchern. Die Weintrauben wachsen am Weinstock.
Ananas, Apfelsinen und Bananen kommen aus Ländern, in denen es wärmer ist als bei uns. Dort werden sie auf großen Feldern angebaut, die man Plantagen nennt.
Auch bei uns gibt es solche Plantagen, auf denen eine Sorte Obst oder Gemüse in großer Menge angebaut wird.
Hier sieht man die Apfelernte auf einer Obstplantage. Die Äpfel müssen mit der Hand gepflückt und vorsichtig verpackt werden.
Wenn sie Druckstellen bekommen, faulen sie und verderben.
Der Lastwagen wartet schon. Er bringt die Äpfel zum Lagerhaus oder gleich zur Großmarkthalle. Dort hat unsere Marktfrau am Morgen ihre Äpfel eingekauft.

Angebo
der
Woche:
Matjes
uf jeden
Tisch
frischer
Fisch!
Stück -.60
250g 2.50
Kabeljaufilet
500g 6.-
500g 7.-
FRIDOLIN
FRÖSCHEL

Fisch
Eßt mich frisch!
leckere geräucherte Aale
500g 3.-

Rotbarsch Makrele Scholle

Alles, was es am FISCHSTAND zu kaufen gibt, kommt aus dem *Wasser.* Der Rotbarsch, den der Fischhändler gerade verkauft, kommt aus dem Meer, also aus dem Salzwasser. Genau wie die Makrele, die Scholle oder der Kabeljau. Die Forelle und der Karpfen können nicht in salzigem Wasser leben. Sie sind Süßwasserfische. Man fängt sie in Bächen, Flüssen oder Teichen. Weil sie so gerne gegessen werden, züchtet man sie oft in Fischteichen, die extra dafür angelegt werden.

Die Forelle liebt klares, kühles, fließendes Wasser. Der Karpfen dagegen mag warmes, ruhiges Wasser, in dem viele Pflanzen wachsen.

Der Aal kann im Salzwasser und im Süßwasser leben. Ehe er ausgewachsen ist, hat er schon eine halbe Weltreise hinter sich. Er schlüpft im Sargasso-Meer bei Amerika aus dem Ei. Als winziger durchsichtiger Fisch kommt er mit einer riesigen Schar von winzigen Aalen bei uns an die Küsten und schwimmt die Flüsse hinauf. Erst im Süßwasser beginnt er zu fressen und zu wachsen. Dort sucht er sich einen Wohnplatz, an dem er zehn bis zwölf Jahre bleibt und ein großer Fisch wird. Wenn er nicht gefangen wird, dann wandert er wieder hinunter zum Meer. Ein Jahr lang wandert er wieder, ohne zu fressen, durch den Ozean zu seinem Geburtsort zurück. Dort legt er seine Eier ab, aus denen wieder viele winzige Aale schlüpfen.

Die meisten Fische, die ihr gekocht, gebraten oder als Fischstäbchen eßt, kommen aus dem Meer. Sie leben dort zum Teil in großen Schwärmen. Die Fischer kennen die Stellen, wo sich die Fische gerne aufhalten.

Karpfen Aal Forelle

Kabeljau

Heringe

Garnele

Schon in der Nacht fahren sie mit ihren Kuttern aufs Meer hinaus und legen die Netze aus. Damit sie die Netze wiederfinden, werden schwimmende Bälle daran befestigt. Wenn die Fischer Glück haben, sind viele Fische im Netz hängen geblieben. Sie werden gleich auf dem Schiff sortiert und in Kisten und Körbe verpackt. Dann werden sie zur Fischhalle gebracht und versteigert. In Kühlbehältern und Kühlwagen treten sie ihre Reise zu den Fischhändlern an. Jetzt müssen sie rasch verkauft werden, denn sie verderben leicht.

Stück -.28
EIER
MARTIN MEIER
Stück -.24
-.22
EIER
MEIER

WILD
im Angebot
Fasan
Rebhuhn
Wachteln
Wildente
Hähnchen-
4.50
Suppen-
huhn
500g 2.30
Hähnchen
(bratfertig)
500 g 2.70
40.–
Truthahn
Flug-
enten
500g 4.–
500g

„Frische Eier!" ruft der Eiermann. Frisch sind sie – nicht älter als zwei Tage. Der Eiermann hat sie direkt vom Geflügelhof geholt. Behutsam packt er sie in Schachteln, bevor er sie verkauft. Schließlich hat er die zerbrechlichste Ware auf dem ganzen Markt! Ein Ei ist heruntergefallen und zerbrochen. Hoffentlich tritt niemand drauf. Ob die Katze es wohl entdeckt? Die Frau des Eiermanns verkauft frisch geschlachtetes Geflügel: Hühner, Enten und Truthähne liegen gerupft und ausgenommen auf dem Verkaufstisch. Bratfertig kaufen sie die Leute am liebsten. In ihrem Federkleid sehen sie wirklich viel schöner aus! Alles, was es hier am GEFLÜGELSTAND zu kaufen gibt, dreht sich um das *Ei.* Denn auch die größten Hühner und Gänse sind einmal aus einem kleinen zerbrechlichen Ei geschlüpft und auf dem Geflügelhof groß geworden. Der Eiermann und seine Frau holen alles, was sie verkaufen vom gleichen Ort: vom Geflügelhof draußen vor der Stadt. Früher durften die Hühner frei auf dem Hühnerhof oder der Wiese herumlaufen und sich ihr Futter suchen. Fast jedes Haus auf dem Land hatte seinen eigenen Hühnerstall.

Heute ist das anders. Die meisten Hühner werden auf Geflügelfarmen in riesigen Legeställen gehalten. Hunderte von ihnen sind dort auf ziemlich kleinem Raum zusammengedrängt. Sie können nur noch Futter aufpicken und Eier legen. Die Eier rollen in Auffangschalen, wo sie bequem eingesammelt werden können.

Jedes Jahr, wenn aus den Küken junge Legehennen geworden sind, werden die alten Hühner geschlachtet. Bei dem anstrengenden Leben in den Legeställen können sie gar nicht länger gute Eier legen.

7.-
25.-
4.50
Beutel
7.60
Stück
-.80

Stück -.30
Stück 2.60

Der schönste Stand auf dem ganzen Markt ist der BLUMENSTAND. Er leuchtet in allen Farben! Fast jeder kauft noch einen Strauß, ehe er nach Hause geht. Heute gibt es besonders schöne Dahlien. Oder möchtest du lieber einen bunten Herbststrauß, wie ihn die Frau mit dem Hund sich ausgesucht hat?
Der Blumenstand sieht zu jeder Jahreszeit anders aus.
Im Frühling gibt es besonders viele Tulpen, Osterglocken und Hyazinthen. Setzlinge für den Gemüsegarten werden angeboten und viele Blumenpflanzen und Stauden.

Im Sommer stehen Rosen, Nelken und viele Sommerblumen in den grünen Eimern. Und jetzt im Herbst gibt es neben bunten Dahlien auch Zinnien, Astern, Chrysanthemen und riesige Sonnenblumen.
Auch im Winter, wenn bei uns in den Gärten keine Blumen blühen, ist der Blumenstand auf dem Markt zu finden. Die Blumen kommen mit dem Flugzeug, mit Bahn oder Auto aus Ländern, in denen es wärmer ist. Oder sie werden in beheizten Glashäusern gezüchtet. Dort wird die Sonnenwärme, die die Blumen zum Wachsen brauchen, durch die Heizung ersetzt. Der Gärtner züchtet dort auch Gartenpflanzen für das kommende Frühjahr und Topfblumen für die Fensterbank.

1893

Brot und Backwaren
7.60

Um die Mittagszeit ist der Markt zu Ende.
In Windeseile werden die Stände wieder abgebaut.
Was übriggeblieben ist, wird eingepackt und mit den leeren Kisten und Körben auf den Lastwagen und Anhängern verstaut.
Wenig später ist der Markt ebenso schnell verschwunden, wie er am Morgen aus dem Boden gewachsen ist.
Aber wie sieht es jetzt aus!
Papierfetzen, Gemüsereste, Salatblätter und verfaultes Obst liegen herum.
Da kommen die Straßenkehrer. Sie fegen alles zusammen und laden es auf ihren Karren.
Nach einer Stunde verrät nichts mehr, daß am Vormittag hier buntes Markttreiben war.
Für einen Augenblick ist der Platz um den Brunnen leer.
Doch bald sieht es auf dem Marktplatz wieder aus, wie überall in der Stadt:
Autos hupen, Radfahrer klingeln und Fußgänger überqueren die Straße.
Alle haben es eilig. Stehenbleiben und Schauen? Das tun nur wenige.
Bis zum nächsten Markttag.

Redaktion:
Gisela Stottele
4 3 81 82

Printed in Germany
ISBN 3-473-33848-6